I0606322

Les chiots BERGER ALLEMAND

David et Patricia Armentrout

Un livre de la collection
Les jeunes plantes de Crabtree

TABLE DES MATIÈRES

Les chiots berger allemand 3

Glossaire 22

Index 24

Soutien de l'école à la maison pour les parents, les gardiens et les enseignants

Ce livre aide les enfants à se développer grâce à la pratique de la lecture. Voici quelques exemples de questions pour aider le lecteur ou la lectrice à développer ses capacités de compréhension. Les suggestions de réponses sont indiquées en rouge.

Avant la lecture

- De quoi ce livre parle-t-il?
    - *Je pense que ce livre parle des chiots berger allemand.*
    - *Je pense que ce livre parle d'être ami avec des chiots berger allemand.*

- Qu'est-ce que je veux apprendre sur ce sujet?
    - *Je veux savoir si un berger allemand serait un bon animal de compagnie pour moi.*
    - *Je veux apprendre combien de chiots berger allemand il y a dans une portée.*

Pendant la lecture

- Je me demande pourquoi...
    - *Je me demande pourquoi les oreilles des chiots berger allemand sont tombantes à la naissance.*
    - *Je me demande pourquoi les bergers allemands sont appelés des chiens de travail.*

- Qu'est-ce que j'ai appris jusqu'à présent?
    - *J'ai appris que les chiots berger allemand sont des animaux de compagnie fidèles.*
    - *J'ai appris que les chiots boivent uniquement le lait de leur mère pendant les quatre premières semaines de leur vie.*

Après la lecture

- Nomme quelques détails que tu as retenus.
    - *J'ai appris que les mamans berger allemand ont habituellement 15 chiots dans une portée.*
    - *J'ai appris que les chiots aiment mordiller les jouets quand leurs dents poussent.*

- Lis le livre à nouveau et cherche les mots de vocabulaire.
    - *Je vois le mot **portée** à la page 6 et les mots **poussée dentaire** à la page 14. Les autres mots du glossaire se trouvent aux pages 22 et 23.*

Les chiots berger allemand

Les chiots berger allemand sont de mignonnes boules de **fourrure.**

Leur pelage est habituellement de deux couleurs.

Les mamans peuvent avoir jusqu'à 15 chiots dans une **portée**.

Les chiots boivent uniquement le lait de leur mère pendant les quatre premières semaines de leur vie.

Les oreilles des chiots berber allemand sont tombantes à leur naissance.

À 20 semaines, les oreilles des chiots sont bien droites.

Les chiots aiment mordiller des jouets pendant leur **poussée dentaire.**

Quand les chiots jouent,
ils se mordent gentiment!

Les bergers allemands sont une **race** intelligente.

Certains bergers allemands sont dressés pour devenir des **chiens de travail**.

La plupart des chiots berger allemand deviennent des chiens de famille **fidèles**.

Glossaire

chiens de travail (chi-in de tra-vaille) : Les chiens de travail sont dressés pour faire des tâches comme chercher, sauver, garder les troupeaux et guider.

fidèles (fi-del) : Fidèle signifie être digne de confiance.

fourrure (fou-rur) : La fourrure est le pelage doux et épais d'un animal.

portée (por-té) : Un groupe de chiots ou d'autres animaux nés en même temps d'une même mère.

poussée dentaire (pou-cé den-terre) : La poussée dentaire signifie que de nouvelles dents poussent.

race (rass) : Une race est un type d'animal.

Index

dentaire 14
fourrure 3
jouer 16
lait 8
maman(s) 6, 8
oreilles 10, 12
poussée

À propos des auteurs

David et Patricia Armentrout

David et Patricia passent le plus de temps possible à jouer avec leurs trois chiens Gimli, Artie et Scarlet, et à prendre soin d'eux.

Sites Web

Les sites Web sont en anglais seulement.

www.akc.org/dog-breeds/best-dogs-for-kids
www.goodhousekeeping.com/life/pets/g5138/best-family-dogs

Auteurs : David et Patricia Armentrout
Conception : Jennifer Dydyk
Révision : Kelli Hicks
Correctrice : Crystal Sikkens
Traduction : Annie Evearts
Coordinatrice à l'impression : Katherine Berti

Références photographiques : Couverture : shutterstock. com/ Jaroslav Francisko, arrière-plan : shutterstock. com/ Dreamzdesigners. Page titre : istock.com/Bigandt_Photography. P. 2-3 : shutterstock.com/ BIGANDT.COM. P. 4-5 : istock.com/Barb. P. 6-7 : shutterstock.com/Jagodka and Lenkadan. P. 8-9 : istock.com/ cynoclub and shutterstock.com/slowmotiongli. P. 10-11 : istock.com/ Bigandt_Photography. P. 12-13 : shutterstock.com/Rita_Kochmarjova. P. 14-15 : istock.com/ cynoclub and shutterstock.com/Ssilverartist. P. 16-17 : shutterstock.com/Victoria Antonova. P. 18-19 : shutterstock. com/DTeibe Photography et ANURAKE SINGTO-ON. P. 20-21 : shutterstock.com/Stone36 et Versta. P. 22, photo du haut : shutterstock. com/Sergey Kamshylin.

Crabtree Publishing Company

www.crabtreebooks.com 1-800-387-7650

Au Canada : Nous reconnaissons l'appui financier du gouvernement du Canada par l'entremise du Fonds du livre du Canada pour nos activités de publication.

Publié aux États-Unis
Crabtree Publishing
347 Fifth Avenue
Suite 1402-145
New York, NY, 10016

Publié au Canada
Crabtree Publishing
616 Welland Ave.
St. Catharines, Ontario
L2M 5V6

Imprimé au Canada/102021/CPC

Catalogage avant publication de Bibliothèque et Archives Canada

Titre: Les chiots berger allemand / David et Patricia Armentrout ; texte français d'Annie Evearts.
Autres titres: German shepherd puppies. Français.
Noms: Armentrout, David, auteur. | Armentrout, Patricia, auteur.
Description: Mention de collection: Nos amis les chiots | Les jeunes plantes de Crabtree | Traduction de : German shepherd puppies. | Comprend un index.
Identifiants: Canadiana (livre imprimé) 20210278250 | Canadiana (livre numérique) 20210278293 | ISBN 9781039609020 (couverture souple) | ISBN 9781039609082 (HTML) | ISBN 9781039609143 (EPUB)
Vedettes-matière: RVM: Berger allemand (Race canine)—Ouvrages pour la jeunesse. | RVM: Chiots—Ouvrages pour la jeunesse. | RVMGF: Documents pour la jeunesse.
Classification: LCC SF429.G37 A7614 2022 | CDD j636.737/6—dc23